はじめに

　保育園、幼稚園はこどもたちがはじめて参加する集団生活です。期待と不安をかかえてやってくるこどもたちを迎える保育室は、夢いっぱいのステキな場所でありたいものです。
　この本は、季節ごとの壁面飾りやお誕生表、メッセージマークなどの全作品の作り方・型紙を掲載しています。また、こどもたちも参加して一緒に作ることができるよう、年齢（経験）別にアイデアも紹介しています。みんなの力で大きな壁面が完成するのは本当にうれしいものです。一緒に作り、飾ることによって、こどもたちに参加する喜びと創作の楽しさをつたえてくれることでしょう。
　『型紙の使い方』（p86）をまず読んで、こどもたちと一緒にステキな楽しい壁面にチャレンジしてください。
　この本が、より良い保育に役立つことができれば幸いです。

2003年3月
十亀敏枝

もくじ

はじめに ……………………………… 2	カルタを作ろう！ ……………………… 45
	●お正月
もくじ ………………………………… 3	雪山であそぼうペンギンちゃん …… 48
	●冬
ピヨちゃんたちの入園式 ……………… 4	雪だるまさんいらっしゃい …………… 49
●入園	●冬
みんなともだち ………………………… 5	ばんざ〜い！春が来た!! …………… 52
●入園	●卒園
ぽかぽか空のさんぽ …………………… 8	虹の花をわたって ……………………… 53
●進級	●卒園
げんきにあいさつ　おはよう！ ……… 9	花かごのベビーカー/空をとぶハムちゃん … 56
●進級	●誕生表
いちご大好き …………………………… 12	たまごからピヨ！/パンパカパーン！おめでとう … 57
●春	●誕生表
およげでっかいこいのぼり!! ………… 13	花の王国汽車ポッポ/ケーキでおいわい … 60
●春	●誕生表
雨が大好きカエルくん ………………… 16	季節のお誕生表/まんまるお誕生表 … 61
●あめ	●誕生表
お星さまにのって ……………………… 17	メッセージマーク ……………………… 64
●七夕	
おさかなたちのパラダイス ………… 20	いろいろ使えるキャラクター ………… 68
	（おとこのこ・おんなのこ）
ひまわり咲いたよ！ …………………… 21	動物マーク ……………………………… 72
●夏	
みんなで踊ろう夏祭り ………………… 24	道具マーク ……………………………… 76
●おまつり	
どうぶつえんへ行こう！ ……………… 25	もちものマーク ………………………… 77
●遠足	
こぎつねたちのお月見 ………………… 28	よく使う型紙 …………………………… 80
●秋	
どんぐりみ〜つけた！ ………………… 29	園児用型紙 ……………………………… 82
●秋	
収穫列車だシュッポッポ ……………… 32	本に出てくる折り紙のおり方 ………… 84
●秋	
コスモス大好き秋の小人 ……………… 33	型紙の使い方 …………………………… 86
●秋	
ジャンプで玉入れ ……………………… 36	絵の具・ガラスを使ってつくる ……… 89
●運動会	
みんながんばれ ………………………… 37	壁面の道具・使い方 …………………… 90
●運動会	
いらっしゃいませ ……………………… 40	早く作るコツ …………………………… 92
●作品展	
リズムに合わせてタンタンタン！ …… 41	立体感をつける ………………………… 93
●発表会	
静かな夜のクリスマス ………………… 44	色台紙・表情をつけて ………………… 94
●クリスマス	

●入園
ピヨちゃんの入園式

型紙を使って サクラや
ヒヨコを作る。（P86参照）

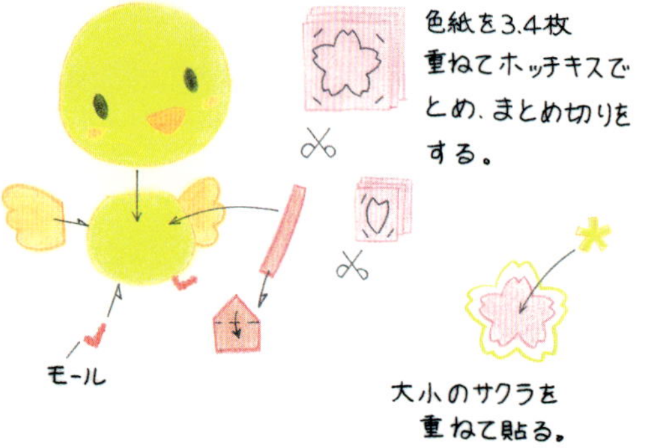

色紙を3.4枚
重ねてホッチキスで
とめ、まとめ切りを
する。

モール

大小のサクラを
重ねて貼る。

〈アレンジ〉
和紙や不織布で ヒヨコの形に切った台紙を
包み、半立体に作ると、やわらかい雰囲気になります。

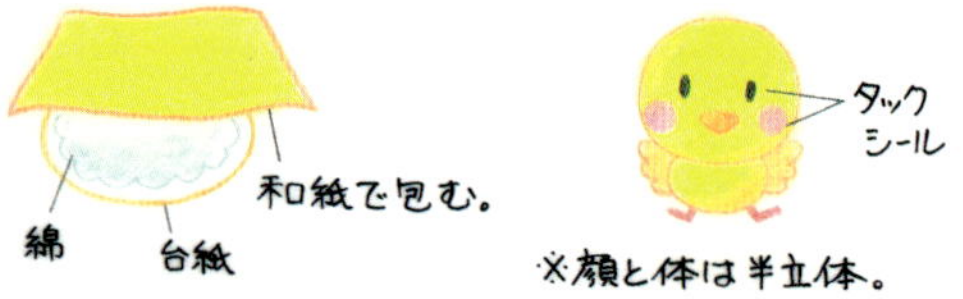

綿　台紙　　和紙で包む。

タックシール

※顔と体は半立体。

★ 子どもと作ろう！

サクラの形に
タックシールを貼る。
（年少児）（型紙P80）

先生が折って印をつけた
折り紙を切り、タック
シールを貼る。（年中児）
（折り方P84）

サクラの形を切り、
中心を貼る。
（年長児）

ヒヨコは、まとめ切りでたくさん作って園児の名
前を書き、4月末プレゼントしましょう。

にゅうえん
おめでとう

● 入園
みんなともだち

型紙を使って、子どもを作る。（P86参照）
子どもは同じ型紙なので、
3,4枚重ねてホッチキスでとめ、
まとめ切りをする。

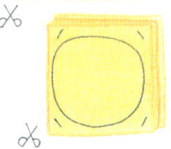

顔、髪の毛、スカート
などで変化をつける。

チューリップは切り込みを入れて
のりづけをする。

★ 子どもと作ろう！

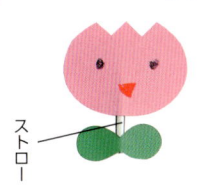
ストロー
チューリップの形の色紙に顔をかく。（年少児）
※先生が茎と葉を貼る。
(型紙P82)

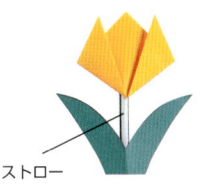
ストロー
折り紙で花を折る。
茎と葉をセロハンテープで貼る。
(年中児)
(折り方P84)

折り紙で花と葉を折る。
(年長児)
(折り方P84)

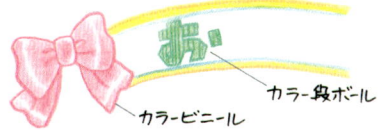

● 進級
ぽかぽか空のおさんぽ

型紙を使って動物を作る。（P86参照）

チョウは、3，4枚重ねてホッチキスでとめ、まとめ切りをする。

ひも

折り紙を手で破る。
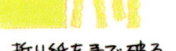

台紙

台紙に外側から放射状に貼る。

葉は、色紙を半分に折って切る。

★ 子どもと作ろう！

顔をかく。(型紙P82)
チョウの形にタックシールを貼る。
（過去の出席シールの残りでも良い）

三角の色紙を貼り合わせる。（年少児）
(型紙P82)

チョウの形に絵の具で模様をつける。
（年中児）

折り紙をジャバラに折って中心を
モールでとめる。（年長児）

色紙を半分に折ってチョウの形に
印をつけ切る。（年長児）

● 進 級
げんきにあいさつおはよう!

型紙を使って動物や、子どもを作る（P86参照）

顔の裏に段ボールを貼り
立体感を出す。

男の子と女の子の顔と
足は同じなので
まとめ切りをする。

花は、色紙を3.4枚重ねて
ホッチキスでとめ、まとめ切りをする。

〈アレンジ〉
キャラクターのまわりの花を 落ち葉や
雪の結晶に変えると、秋と冬にも使う
ことができます。

★ 子どもと作ろう!

花の中心にのりを
つけて、もう一枚
花を重ねる。（年少児）
(型紙P80)

花の形を切って
タックシールを貼る。
（年中児）

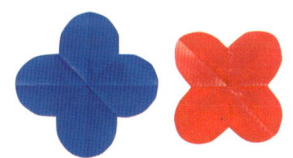

折り紙を折り切って
花を作る。
（年長児）

「ぽかぽか空のさんぽ」型紙

※ ネコ.イヌ.ウサギは同じ型紙です。
耳を変えてまとめ切りをして作りましょう。

※作りたい大きさに拡大コピー
して作りましょう。

「げんきにあいさつ おはよう！」型紙

※作りたい大きさに拡大
コピーして作りましょう。

●春
いちご大好き

型紙を使って動物を作る。（P86参照）

花は、色紙を3.4枚重ねてホッチキスでとめ、まとめ切りをする。

タックシール

カラービニール
綿　台紙

イチゴの形に切った台紙をカラービニールで包む。

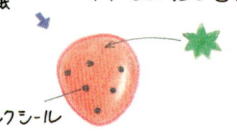
タックシール

★子どもと作ろう！

いちごの葉（ヘタ）をのりで貼る。（年少児）（型紙P82）

MEMO　いちごの絵に色を塗っても良い

いちごをかいて切る。（年中児）

色紙でいちごを作り、切り込みを入れ半立体にする。（年長児）

折り紙で折る。（年長児）（折り方P84）

● 春

およげでっかいこいのぼり!!

型紙を使って こいのぼりや
動物を作る。（P86参照）

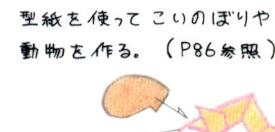

千代紙や
包装紙で折る。

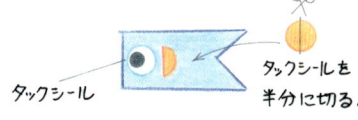

こいのぼりは、色紙を2、3枚
重ねてホッチキスでとめ、
まとめ切りをする。

タックシール　　タックシールを
　　　　　　　　半分に切る。

★ 子どもと作ろう！

タックシールを貼る。（年少児）
（過去の出席シールの残りでも良い）
(型紙P82)

封筒に三角の色紙を貼り、
目をかく。（年中児）

色々な色の折り紙で2匹作り目と模様をかく。
（年長児）(折り方P84)

セロハンテープでとめる。
割りばしにビニールテープをまく。

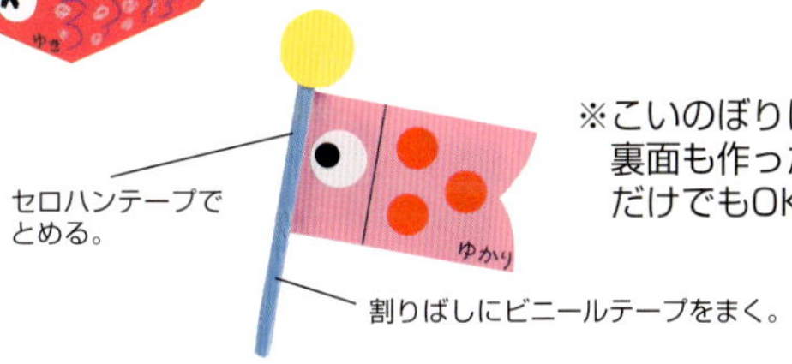

※こいのぼりは余裕があれば
裏面も作った方が良いが片面
だけでもOK！

4月の末に作って連休前にはずし、先生が割りばしにつけて一人一人に渡す。

「いちご大好き」型紙

※作りたい大きさに拡大
　コピーして作りましょう。

「およげでっかいこいのぼり!!」型紙

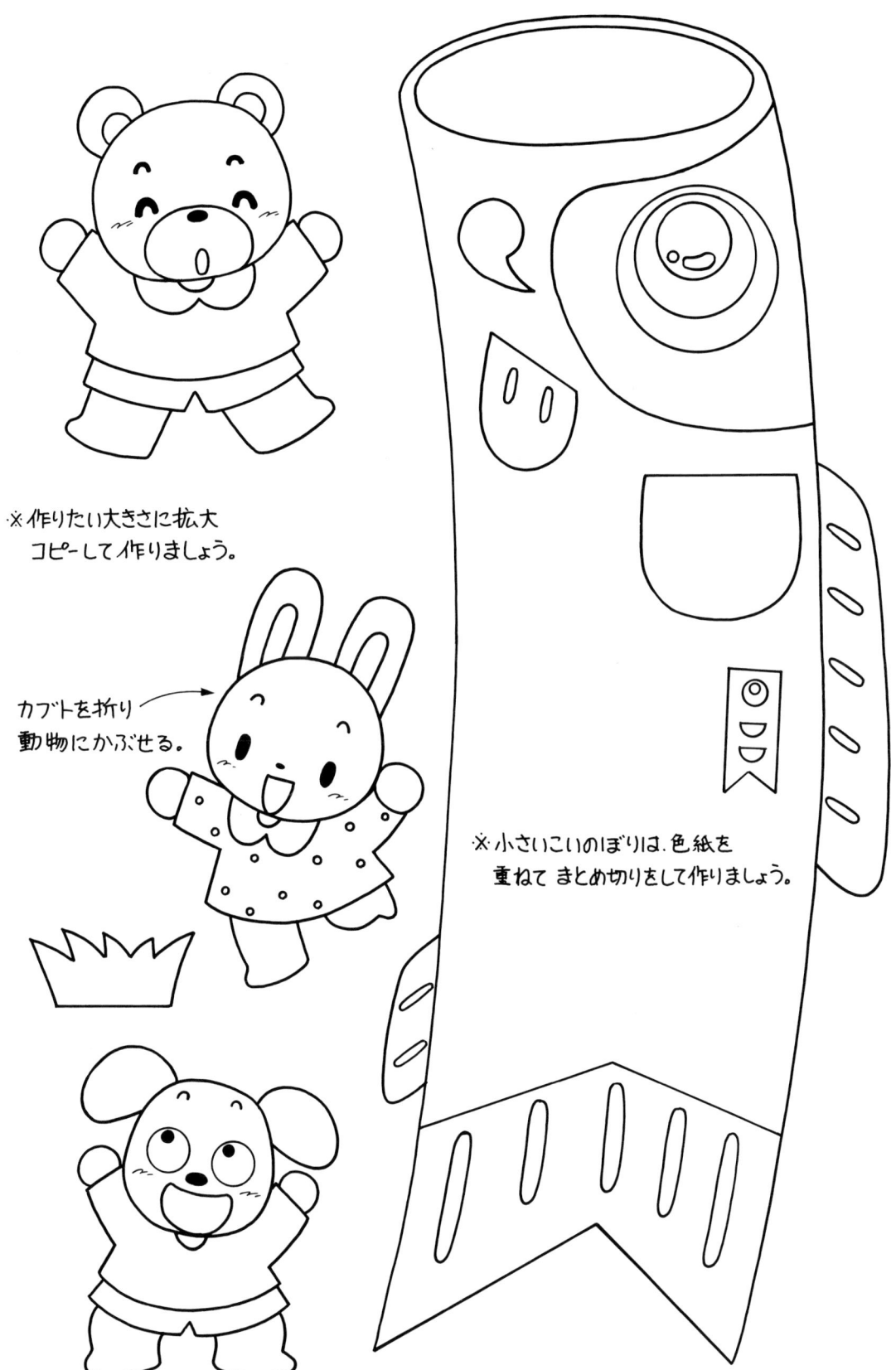

※作りたい大きさに拡大
　コピーして作りましょう。

カブトを折り
動物にかぶせる。

※小さいこいのぼりは、色紙を
　重ねて まとめ切りをして作りましょう。

●あめ
雨が大好きカエルくん

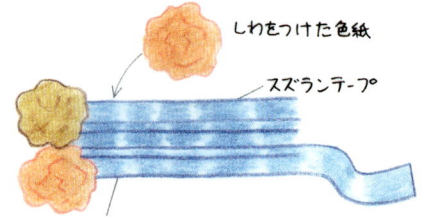

★子どもと作ろう！

お花紙をまるめて貼る。
（年少児）

目と口をかいて
体を貼る。
（年少児）
（型紙P82）

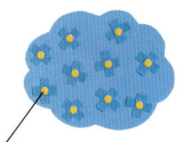

細く切った色紙を
×に貼り、タックシールを
中心に貼る。（年中児）

顔、体は、
まる折り紙。
目と手足を貼り、
顔をかく。（年中児）

折り紙で折る。
（年長児）（折り方P84）

体を色紙で作る。
緑と黄緑で組み合
わせてバネを作る。
（年長児）

お星様にのって

● 七夕

型紙を使って子どもや動物を作る。（P86参照）

カラーホイル　折り紙

星は、5,6枚重ねてホッチキスでとめ、まとめ切りをする。

切り込みを入れて、のりづけをする。

のりしろ

目と口を貼る。

色紙

★ 子どもと作ろう！

星に顔を書く。（年少児）
（型紙P80）

大小、の星の形を切って貼る。

折り紙を切って星を作る。
（年長児）
（折り方P84）

星を大きめに作って願いごとを書いても良い。

MEMO 子どもが書く時は星を多めに用意しておくとよいでしょう！

「雨が大好きカエルくん」型紙

※作りたい大きさに拡大コピーして作りましょう。

※カエルは表情や服を変えて、まとめ切りをして作りましょう。

折り紙で折った花を貼る。

ピンキングバサミで切って葉を作る。

「お星さまにのって」型紙

※作りたい大きさに拡大コピーして作りましょう。

●夏
おさかなたちのパラダイス

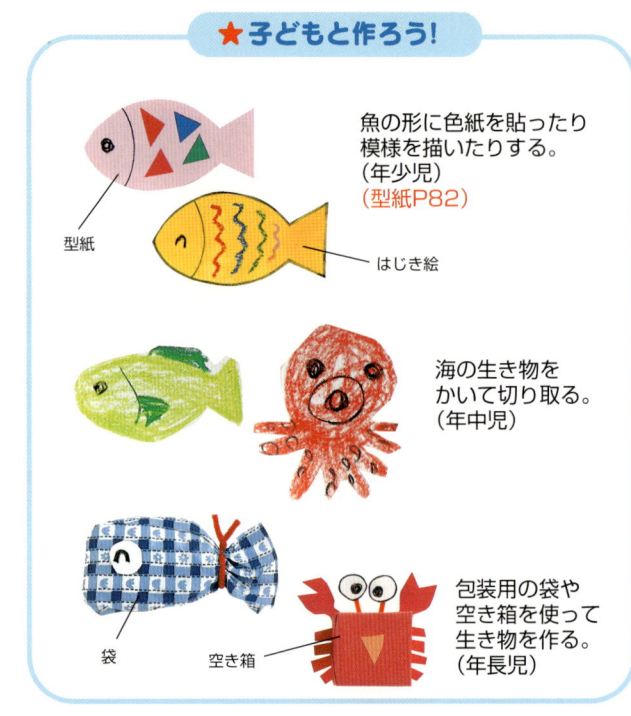

●夏

ひまわり咲いたよ！

型紙を使って子どもやひまわりを作る。(P86参照)
切り込み
ピンキングバサミで色紙を細く切る。
顔の裏に段ボールを貼り、立体感を出す。

★ 子どもと作ろう！

目を貼り、口をかく。
（年少児）
(型紙P82)

MEMO 茎をつけ、持ち帰れるように
色紙をつつにする。

形を切り取り、しまをつけ
目、口を貼る。（年中児）

MEMO リボンをつけペンダントに

花弁を一枚ずつ貼り、
目、口をつける。
（年長児）

紙皿（ピンキングバサミで切る。）

MEMO リボンをつけ壁かけに

「おさかなたちのパラダイス」型紙

※作りたい大きさに拡大コピーして作りましょう。

「ひまわり咲いたよ！」型紙

※作りたい大きさに拡大コピーして作りましょう。

● おまつり
みんなで踊ろう夏祭り

型紙を使って、子どもを作る。(P86参照)

男の子と女の子、型紙が同じものは、まとめ切りをする。

- タックシール
- 折り紙でしゅりけんを折る。
- カラー段ボール
- 半分に切った発泡球に着色する。
- ラフスエード紙

★ 子どもと作ろう！

髪と目、口をかき、体に貼る。
(年少児)
（型紙P82）

トイレットペーパーの芯に折り紙を巻き、色紙をジャバラ折りにして、手足を作る。
(年中児)

浴衣の型に模様をかき、顔、手、足を作る。
手は割りピンでとめる。
(年長児)

● 遠足

どうぶつえんへ行こう！

型紙を使って 子どもや 動物を作る。（P86参照.）

子どもは 色紙を 3.4枚 重ねて ホッチキスでとめ、まとめ切りをする。

髪の毛、顔の表情で 変化をつける。

顔の裏に段ボールを 貼り、立体感を出す。

カラー段ボール

★ 子どもと作ろう！

モール

顔をかいて、体に貼る。
（年少児）
（型紙P82）

MEMO 頭と体を別に作って、用意しておく。

自分で動物をかいて 切り取る。
（年中児）

空き箱を使って動物を作る。
（年長児）

「みんなで踊ろう夏祭り」型紙

※作りたい大きさに拡大コピーして作りましょう。

※同じポーズの子どもは、まとめ切りをして作りましょう。

「どうぶつえんへ行こう！」型紙

※作りたい大きさに拡大コピーして作りましょう。

※子どもは表情や髪型服の色など変えてまとめ切りをして作りましょう。

●秋
こぎつねたちのお月見

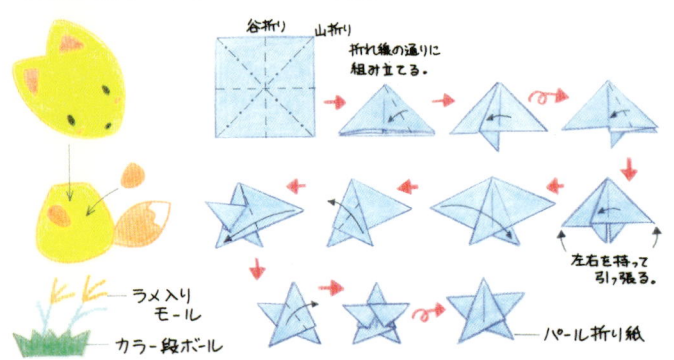

型紙を使って キツネを作る。（P86参照）

谷折り　山折り　折れ線の通りに組み立てる

左右を持って引っ張る。

ラメ入りモール
カラー段ボール
パール折り紙

★**子どもと作ろう！**

顔をかいて耳をぬり身体としっぽを貼る。（年少児）

（型紙P82）

折り紙で折って顔をかく。（年中児）
（折り方P84）

色紙で円すいを作り、目、鼻、耳をつける。トイレットペーパーの芯に折り紙を貼り、手足しっぽをつける。（年長児）

28

どんぐりみ〜つけた！

●秋

型紙を使ってリスを作る。(P86参照)

顔の裏に段ボールを貼り立体感を出す。

顔、しっぽなど型紙が同じものは、3.4枚重ねて、まとめ切りをする。

ラフスエード紙
色紙

★ 子どもと作ろう！

簡単なリスの形を用意して目と口をかき、耳とおなかを塗る。
(年少児)
(型紙P82)

ドングリを折り紙で折る。
(年中児)
(折り方P84)

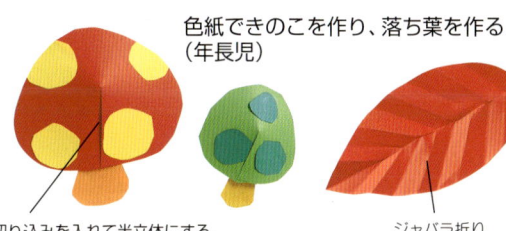

色紙できのこを作り、落ち葉を作る。
(年長児)

切り込みを入れて半立体にする。
ジャバラ折り

「こぎつねたちのお月見」型紙

※作りたい大きさに拡大コピーして作りましょう。

※キツネは表情を変えてまとめ切りをし、頭の位置を変えて作りましょう。

「どんぐりみ〜つけた！」型紙

※ 作りたい大きさに拡大コピーして作りましょう。

※ リスの顔やドングリなど同じものは、まとめ切りをして作りましょう。

●秋
収穫列車だシュッポッポ

型紙を使って動物やくだものを作る。（P86参照）

顔の裏に段ボールを貼り、立体感を出す。

ラフスエード紙

カラー段ボール

色紙

〈アレンジ〉
大きな折り紙で紙ふうせんを作り、くだものに見たてると、簡単に立体物ができます。

★ **子どもと作ろう！**

絵に色を塗り、まわりを切りとる。
（年少児）
(型紙P82)

クレヨンで絵をかき切りとる。
（年中児）

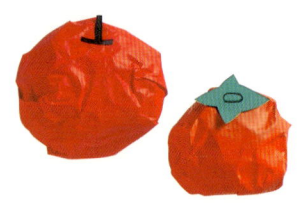

新聞紙を折り紙で包み、はりぼてを作る。
（年長児）

● 秋

コスモス大好き秋の小人

型紙を使って小人を作る。（P86参照）

ペットボトルを切って『コ』の字に折り曲げる。

小人の裏に貼る。

鈴
カラーワイヤー
スズランテープ

さわると揺れる。

リボンをピンキングバサミで切る。

リボン

色紙
ホッチキス

★ 子どもと作ろう！

コスモスの中心の円に顔をかく。（年少児）

細長く切った色紙4本を重ねて、コスモスを作る。（年中児）

モール

色紙で小人を作る。（年長児）

「収穫列車だシュッポッポ」型紙

※作りたい大きさに拡大コピーして作りましょう。

「コスモス大好き秋の小人」型紙

※作りたい大きさに拡大コピーして作りましょう。

※小人たちは表情や服の色を変えて、まとめ切りをして作りましょう。

● 運動会
ジャンプで玉入れ ・・・・・・・

型紙を使って動物を作る。(P86参照)

- ピン
- ひも
- ストローを『ハ』の字に貼る。
- ひもを引くと上にあがる。
- カラー段ボールを細く切り、編み込む。
- 発泡球に着色する。

〈アレンジ〉
玉入れのかごを段ボールや洗濯ネットで立体的に作ると、屋内でゲーム遊びが楽しめます。

★ 子どもと作ろう！

- 新聞ボールを作りおり紙を貼る。（年少児） 
- 自分の姿をかいて切りとり動物のまわりに貼る。（年中児） 
- 手と足だけを別の紙にかいて切り取り、割りピンでとめ、動くようにする。（年長児）

● 運動会
みんながんばれ

型紙を使って 動物を作る。（P86参照）

文字を貼る。
スズランテープ
スズランテープでポンポンを作る。
ロープ
くだものを貼る。
カラーワイヤー

★ 子どもと作ろう！

クレヨンでくだものをかく。（年少児）

自分の顔をかく。（年中児）

模様をかく。（年長児）

MEMO 色紙で模様を切って貼っても良い。

37

「ジャンプで玉入れ」型紙

※作りたい大きさに拡大コピーして作りましょう。

「みんながんばれ」型紙

※作りたい大きさに拡大コピーして作りましょう。

● 作品展
いらっしゃいませ

型紙を使って子どもを作る。(P86参照)

顔の裏に段ボールを貼り立体感を出す。

男の子と女の子は、まとめ切りをして作る。

タックシール
紙皿
子どもが作った作品を貼った色紙
アクリル絵の具などで着色する。

★ **子どもと作ろう!**

☆紙皿の中に貼るもの

顔をかき、耳をぬる。
服を貼り、頭をつける。
(年少児)
(型紙P82)

顔のまるを使って色紙で動物を作る。
(年中児)

新聞紙をまるめて、顔の形を作り、折り紙を貼って半立体の顔を作る。
(年長児)

●発表会

リズムに合わせてタンタンタン!

型紙を使ってネコを作る。(P86参照)

顔の裏に段ボールを貼り立体感を出す。

ミラーテープ

スズランテープ

スズランテープを切って、2つに折り切り口をねじる。

セロハンテープを貼り組み立てる。

色紙

円を貼る。

★ 子どもと作ろう!

花の形にまるい色紙を貼り、顔をかく。
(年少児)
型紙P80

大小の花の形を切り、貼る。(年中児)

短いリボンを輪にしてのりでとめ、花弁を合わせて花を作る。
(年長児)

のり

太いリボン

「いらっしゃいませ」型紙

※作りたい大きさに拡大コピーして作りましょう。

※子どもは同じ型紙です。表情や髪型、服を変えてまとめ切りをしましょう。

「リズムに合わせてタンタンタン！」型紙

※作りたい大きさに拡大コピーして作りましょう。

※ネコは、表情を変えてまとめ切りをして作りましょう。

● クリスマス
静かな夜のクリスマス

型紙を使って、サンタクロースやトナカイなどを作る。（P86参照）

ラフスエード紙

脱脂綿

タックシール

★ 子どもと作ろう！

木の型にシールや、色紙を貼る。
（年少児）
（型紙P82）

ほしいものをかいて貼る。

折り紙で木を折り、
ツリーのまわりに貼る。
（年中児）
（折り方P84）

折り紙でサンタを折り、
屋根の上や、木の下に貼る。
（年長児）

星のかわりに
雪の結晶を作る。
（折り方P84）

● お正月

カルタを作ろう！

型紙を使って子どもや松竹梅を作る。（P86参照）

顔の裏に段ボールを貼り立体感を出す。

タックシール

松竹梅は、色紙を3.4枚重ねてホッチキスでとめ、まとめ切りをする。

タックシール

★ 子どもと作ろう！

先生が、形をかいた絵に色をぬる。（年少児）

MEMO かんたんな物にする。又は先生と一緒に考える。

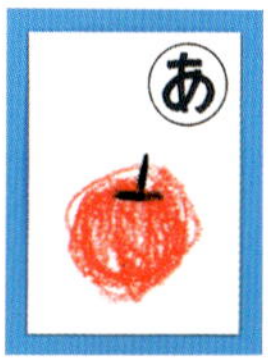

みんなで話し合いながら、文を決めて、それに合った絵をクレヨンでかく。（年中児）

MEMO くだものや、動物中心の文にする。

好きな文字をえらび、文を考え、絵をかく。（年長児）

MEMO 文字に興味を持っているので、絵に合わない文でも良い。

「静かな夜のクリスマス」型紙

※作りたい大きさに拡大コピーして作りましょう。

「カルタを作ろう！」型紙

※作りたい大きさに拡大コピーして作りましょう。

● 冬

雪山であそぼうペンギンちゃん

型紙を使ってペンギンを作る。(P86参照。)

ラフスエード紙

ペンギンは、色紙を3、4枚重ねてホッチキスでとめ、まとめ切りをする。

ラフスエード紙

綿をまるめて雪にする。

〈アレンジ〉
雪山は、白いカラービニールを貼ったり、白い布を利用すると、立体的になります。
(接着には、両面テープを使う。)

つまんで形をつける。

★子どもと作ろう!

くちばし、目、足を貼る。
(年少児)
(型紙P82)

型紙に会わせて
ペンギンを作る。
(年中児)
(型紙P82)

空き箱に色紙を貼り、
ペンギンを作る。
(年長児)

48

●冬

雪だるまさんいらっしゃい！

型紙を使って 動物や 雪だるまを作る。(P86参照)

タックシール
色紙

動物の裏に 縦ボールを貼り
立体感を持たせる。

モール

★ **子どもと作ろう！**

バケツと手ぶくろを貼る。
目、口をかく。
(年少児)
(型紙P82)

ゆきだるまをかいて切り取る。
(年中児)

綿をラップで包む。(2コ)
目、口はタックシール。
(年長児)

49

「雪山であそぼうペンギンちゃん」型紙

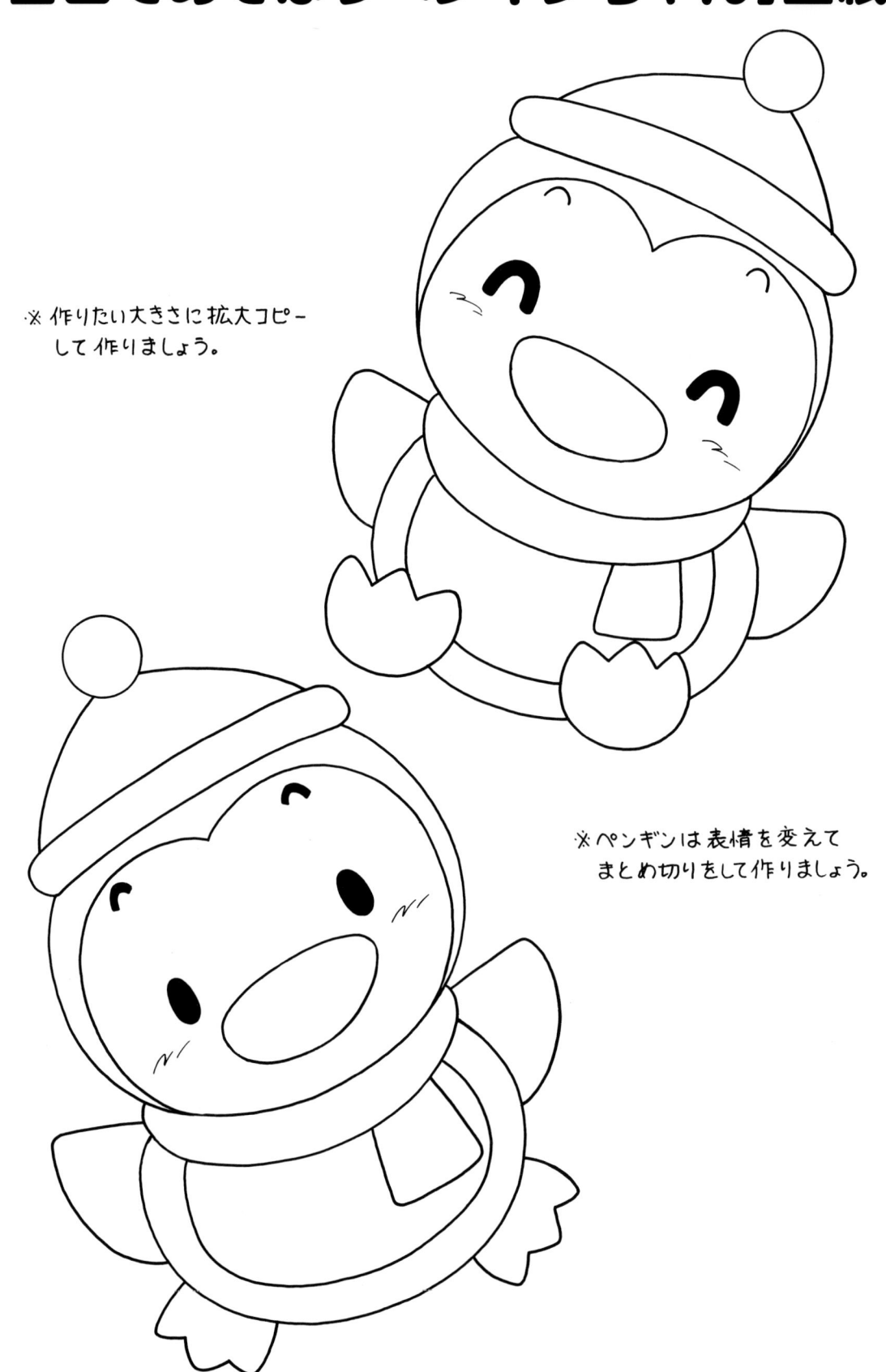

※作りたい大きさに拡大コピーして作りましょう。

※ペンギンは表情を変えてまとめ切りをして作りましょう。

「雪だるまさんいらっしゃい」型紙

※作りたい大きさに拡大コピーして作りましょう。

●卒園
ばんざ〜い！春が来た!!

型紙を使って動物やつくしを作る。(P86参照)

花は、色紙を3、4枚重ねてホッチキスでとめ、まとめ切りをする。

色紙
タックシール

草の裏に段ボールを貼り、立体感を出す。

色紙

マーカーなどで模様をつける。

★ 子どもと作ろう！

顔をかき、くきをつける。
(年少児)
(型紙P82)

つつを作ってつくしを作る。
(年中児)

はりぼてでつくしを作る。
トイレットペーパーの芯でくきを作る。
(年長児)

●卒園

虹の花をわたって

型紙を使って子どもや動物を作る。(P86参照)

顔の裏に段ボールを貼り、立体感を出す。

花は、色紙を3,4枚重ねてホッチキスでとめ、まとめ切りをする。

カラービニール
綿　台紙
動物の顔の形に切った台紙をカラービニールで包む。

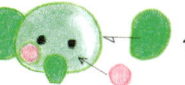

色紙を貼る。

★ 子どもと作ろう！

花の形を切って、シールを貼る。
（年少児）
(型紙P80)

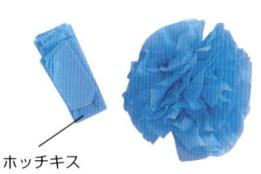

ホッチキス
ジャバラ折りをしてお花紙で花を作る。
（年中児）

色紙で自分を作る。
（年長児）

MEMO 他の動物の気球も作ってクラスの子どもをのせる。

53

「ばんざ〜い！春が来た!!」型紙

※作りたい大きさに拡大コピーして作りましょう。

「虹の花をわたって」型紙

※作りたい大きさに拡大コピーして作りましょう。

● 誕生表

★ 花かごのベビーカー

型紙を使って 動物や花を作る。(P86参照)

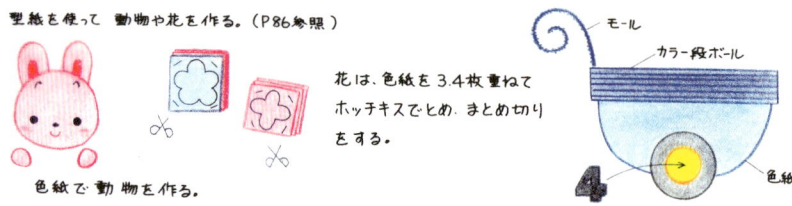

色紙で動物を作る。

花は、色紙を3.4枚重ねてホッチキスでとめ、まとめ切りをする。

モール
カラー段ボール
色紙

★ 空とぶハムちゃん

型紙を使って ハムスターを作る。(P86参照)

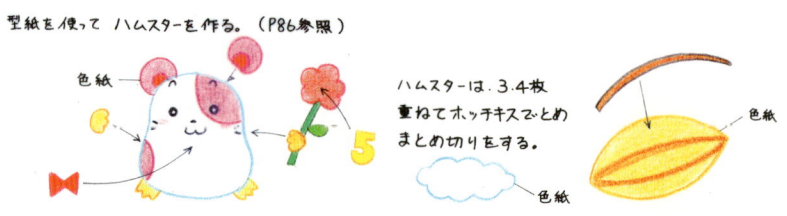

ハムスターは、3.4枚重ねてホッチキスでとめまとめ切りをする。

色紙

56

●誕生表

★ たまごから ピヨ！

型紙を使って、ニワトリやヒヨコを作る。（P86参照）

マーカで線を描く。

ヒヨコは、まとめ切りをして作っておき、誕生月に貼りかえる。
（3月にプレゼントする。）

鈴　モール　カラーワイヤー

色紙　モール

★ パンパカパーン！おめでとう

型紙を使って、くす玉や動物を作る。（P86参照）

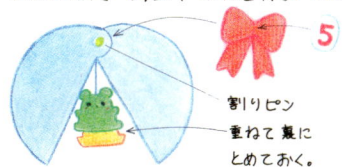

割りピン　重ねて裏にとめておく。

動物は、色紙を3.4枚重ねてホッチキスでとめ、まとめ切りをする。

色紙

57

「花かごのベビーカー」「空をとぶハムちゃん」型紙

「たまごからピヨ！」「パンパカパーン！おめでとう」型紙

● 誕生表

★ 花の王国　汽車ポッポ

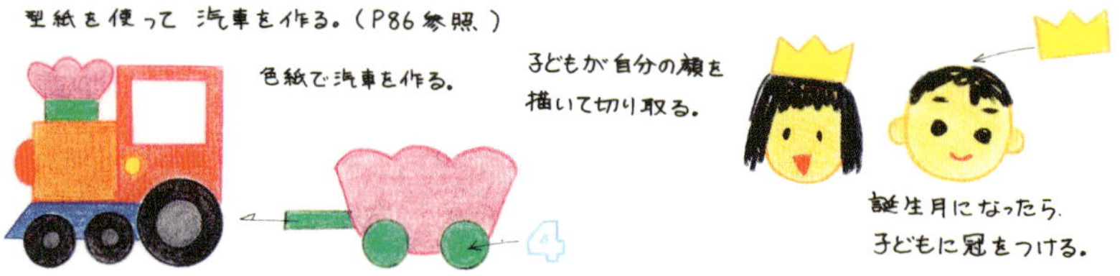

型紙を使って汽車を作る。(P86参照)
色紙で汽車を作る。
子どもが自分の顔を描いて切り取る。
誕生月になったら、子どもに冠をつける。

★ ケーキでおいわい ♥

型紙を使って花やケーキを作る。(P86参照)
顔の大きさを指示した色紙に自分の顔を描いて切り取る。
※花とケーキの裏に段ボールを貼る。
花の裏の段ボールにワイヤーをさす。
カラーワイヤー
誕生月になったらケーキに子ども達を移す。

60

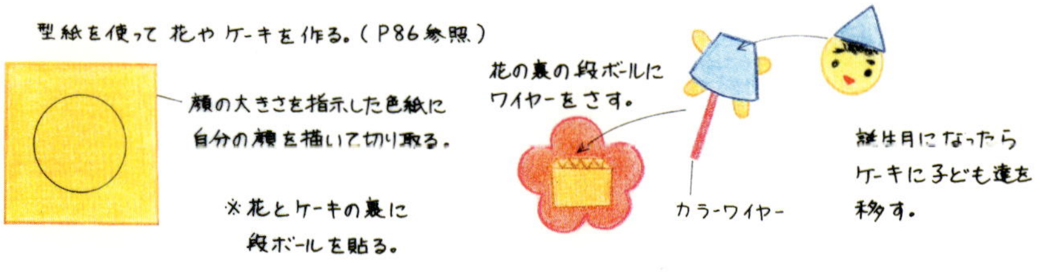

● 誕生表

★ 季節のお誕生表

型紙を使って動物などを作る。（P86参照。）

5 数字を貼る。

動物の顔の裏に段ボールを貼り立体感を出す。

マーカー

マーカーなどを使って動物は簡単に作る。

★ まんまるお誕生表

型紙を使って動物を作る。（P86参照）

色紙

動物は、色紙を3.4枚重ねてホッチキスでとめ、まとめ切りをする。

数字を貼る。

耳や、しっぽを変えて、いろいろな動物を作る。

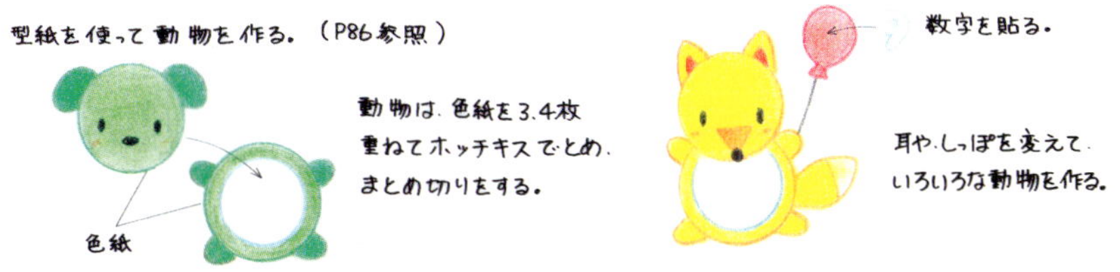

「花の王国汽車ポッポ」「ケーキでおいわい」型紙

「季節のお誕生表」「まんまるお誕生表」型紙

● メッセージマーク

おはよう
ございます。

あせをかいたら
ふきましょう。

せっけんで
てを
あらおう！

おはよう
ございます。

はを
みがきましょう。

うがいを
しましょう。

64

● メッセージマーク

よくかんで
たべましょう。

ハンカチ、ティッシュ
もっているかな？

おかたづけ
できるかな？

つめは みじかく
きってもらおう。

じゅんばんを
まもろう！

なんでも
たべよう！

おうだん
ほどうを
わたろう！

「メッセージマーク」型紙

モール
手を折る

切り込みを入れる

カラー段ボール

66

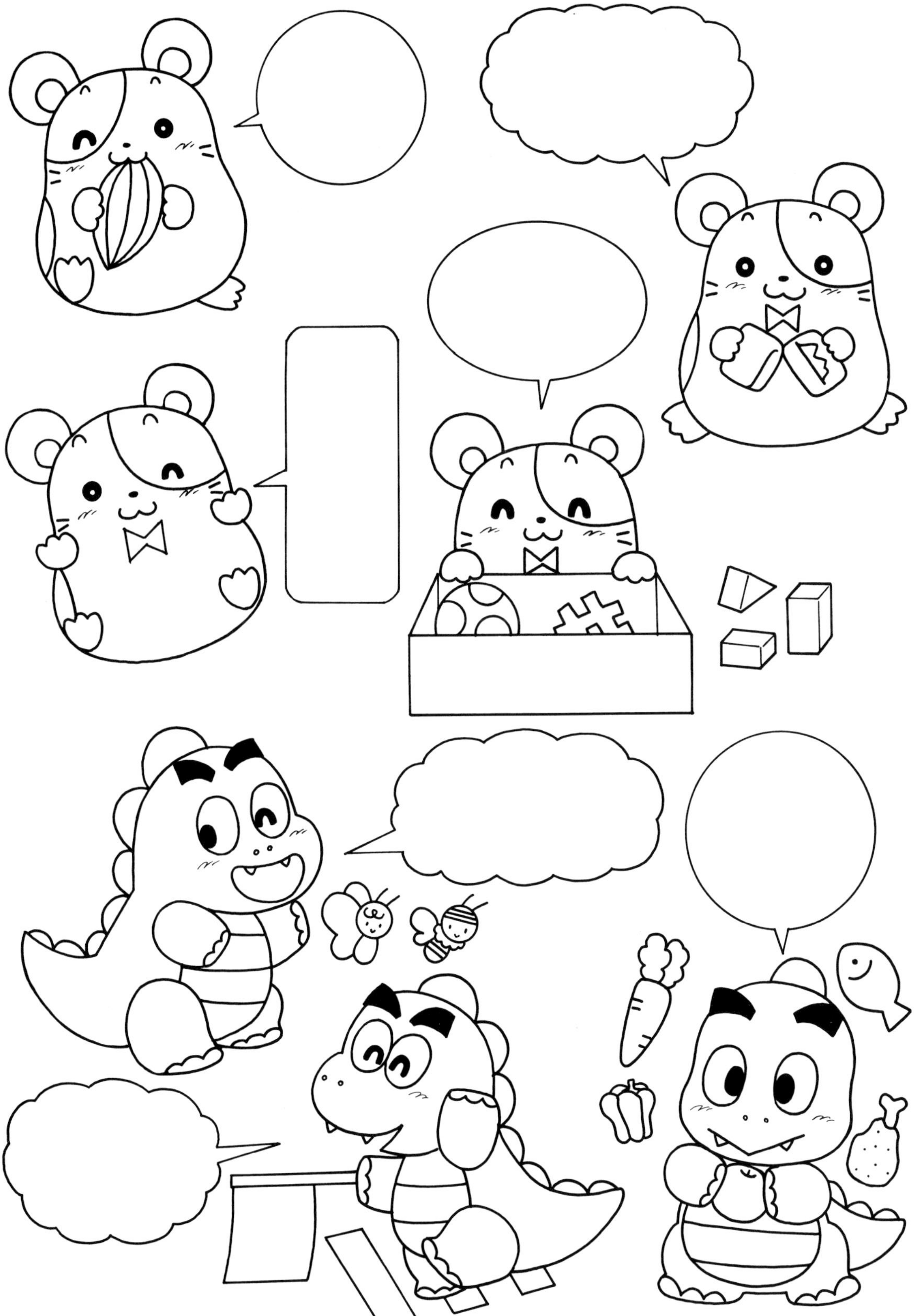

●いろいろ使えるキャラクター

●いろいろ使えるキャラクター

「おとこのこ」型紙

「おんなのこ」型紙

●動物マーク

●動物マーク

73

「動物マーク」型紙

75

● 道具マーク

●もちものマーク

「道具マーク」型紙

「もちものマーク」型紙

79

よく使う型紙

いろいろな大きさに拡大コピーして、厚紙に貼って切りとり、固い型紙を作っておくと便利！！

ワン！ポイント

園児用型紙

82

83

本に出てくる折り紙のおり方

〈サクラ・星〉

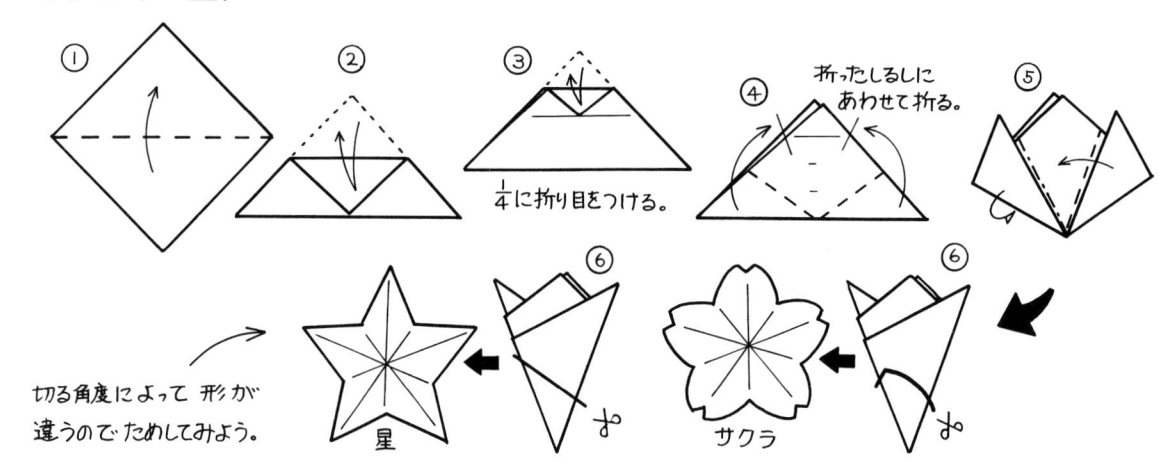

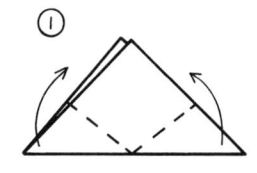

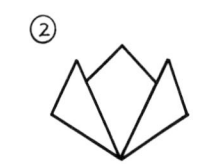

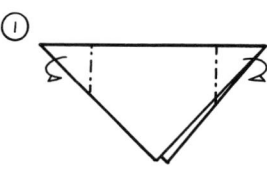

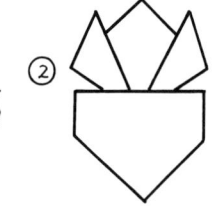

① ② ③ ¼に折り目をつける。 ④ 折ったしるしにあわせて折る。 ⑤

⑥ ⑥ 切る角度によって形が違うのでためしてみよう。 星 サクラ

〈チューリップ・イチゴのへた〉

① ②

〈イチゴ〉

① ② へたをつける。

〈チューリップの葉・こいのぼり〉

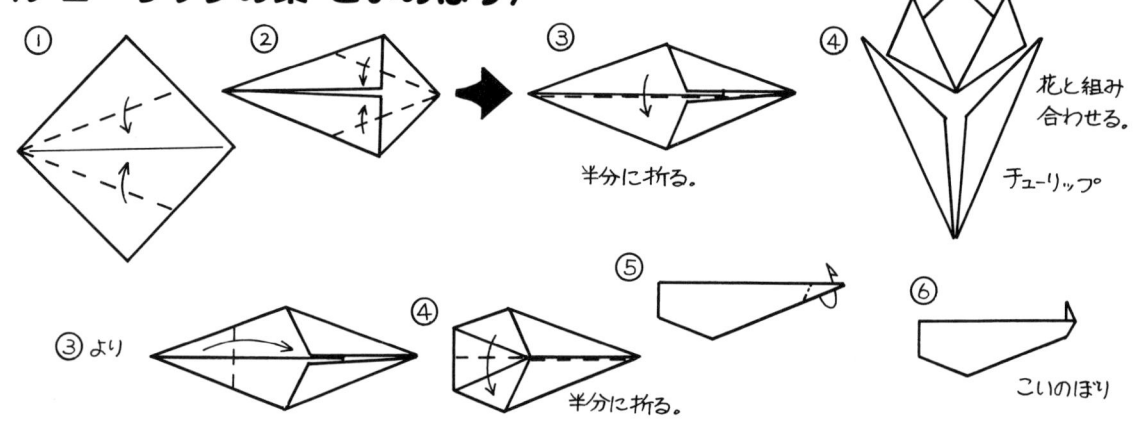

① ② ③ 半分に折る。 ④ 花と組み合わせる。 チューリップ

③より ④ 半分に折る。 ⑤ ⑥ こいのぼり

〈アジサイ〉

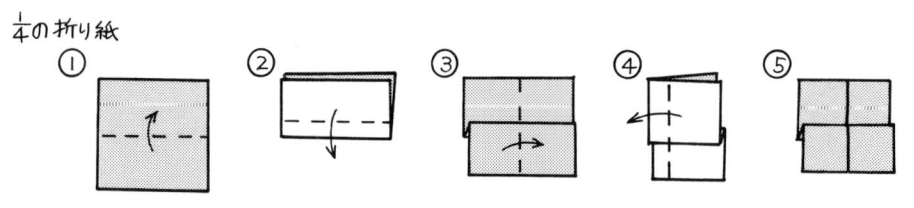

¼の折り紙

① ② ③ ④ ⑤

〈キツネ〉

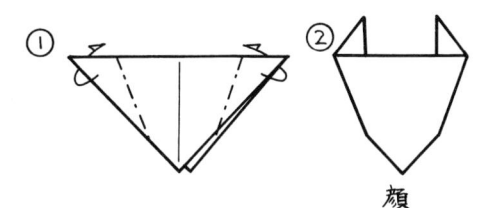

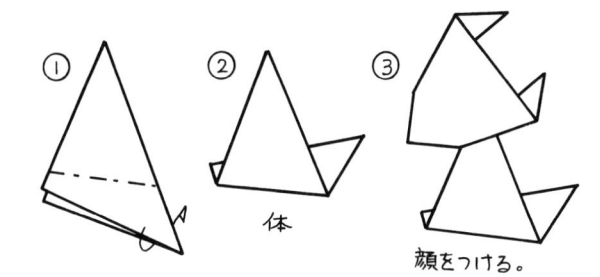

① ② 顔　① ② 体　③ 顔をつける。

〈ドングリ〉

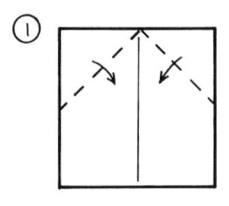

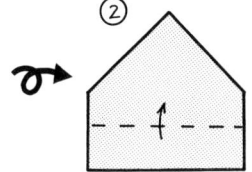

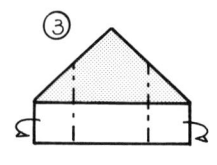

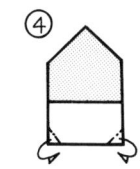

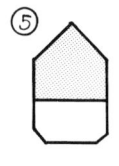

① ② ③ ④ ⑤

〈ツリー〉

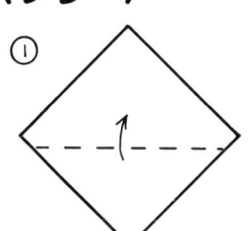

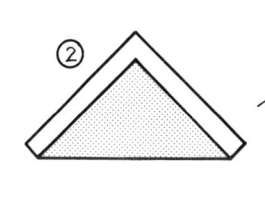

① ② ③　3つ重ねてツリーを作る。

〈サンタクロース〉

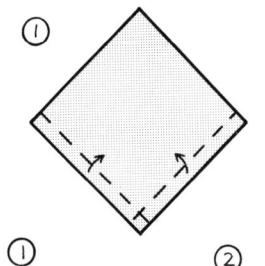

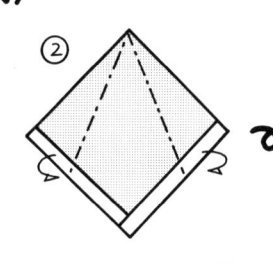

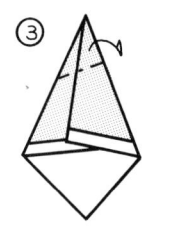

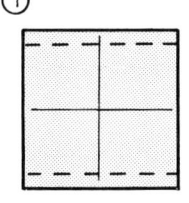

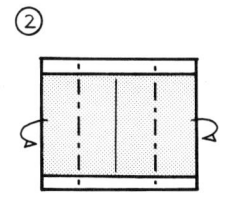

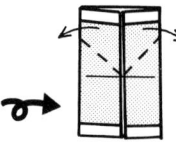

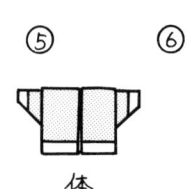

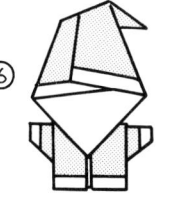

① ② ③ ④ 顔

① ② ③ ④ ⑤ 体　⑥ 顔をつける。

〈雪の結晶〉

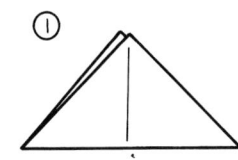

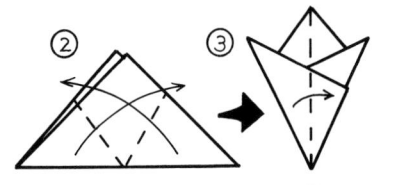

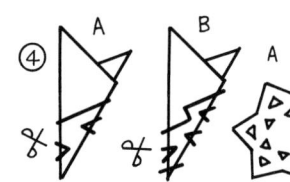

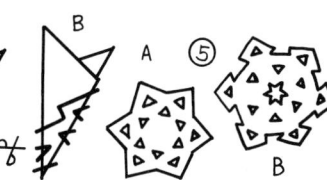

① ② ③ ④ A B ⑤ A B

型紙の使い方

次の壁面どうしよう…

これじゃむずかしそうだし…

う〜ん

えーと

壁面って苦手〜

))とことこ

子どもたちと作れるいい壁面ってないかな〜！

いい本があるよ！

えっ…!!

壁面は先生たちだけで作ることもあるけれど…

できれば、**子どもたちと一緒に**楽しく作りたいよね！

いろいろな経験をしてほしいし…

うん！そう そう

「この本は、先生だけで作るバージョンと、年齢(経験)別に子どもたちも一緒に作るバージョンが、載っているんだよ!」

「へえ〜 本当だ!!」

「まずは、**型紙の使い方**を覚えよう!」

① 本の型紙を作りたい大きさに拡大コピーする。

「かんたん かんたん!!」

ガ〜〜ッ

コピー

大きくて紙からはみ出すときは、部分的にコピーして、セロハンテープで貼り合わせる。

②コピーした型紙を色紙に重ねてなぞる。

芯を出さないシャープペンシルやボールペンでなぞろう!!

ワン!

ここでワンポイント!「のりしろ」を作ろう!!

重なりの下になるパーツにのりしろを意識しよう。

この点々の部分がのりしろ

色紙の色をかえながらのりしろを意識して、パーツごとになぞる。

※あまり強くなぞると型紙の紙がやぶれるので注意。

③なぞったらハサミなどで切る。

目、鼻は顔料系のマーカーで描いてもよい。

④コピーした型紙に合わせてパーツを組み立てて、できあがり。

のりや輪にしたセロハンテープで接着しよう!!

パズルだよ〜ん

※目、鼻、口のつけ方（描き方）

型紙

顔

型紙を窓ガラスに貼って太陽光に透かすと位置がわかるよ！

ワン！

またまた
ワンポイント！

目、鼻、口は体と合体させる前につけよう。(描く)

キャラクターを逆むきで作りたいときは…

型紙を裏がえして窓ガラスに貼り、切ったパーツを組み立てる。

体と合体させたあとだと、透けないときも…。

お日様
えらい!!

絵の具で作る方法!!

②鉄筆でなぞる。

まわりをホッチキスでとめるとずれない。

①拡大コピーをした型紙と画用紙の間にカーボン紙をはさむ。

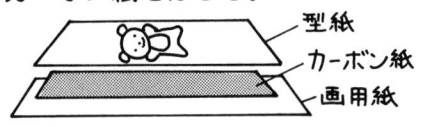

型紙
カーボン紙
画用紙

③絵の具で塗り、マーカーでふちどる。

マーカー

絵の具をよく乾かしてから、ふちどる。

※カーボン紙がないときはコピーした型紙の裏側を絵にそって鉛筆で塗る

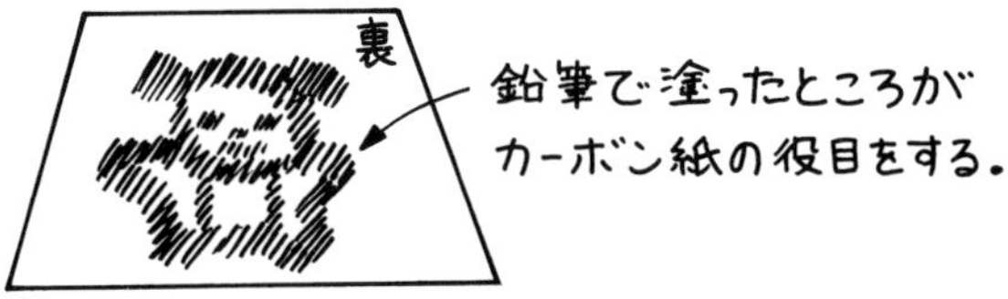

裏

鉛筆で塗ったところがカーボン紙の役目をする。

④切りとってできあがり。

作り方のコツ

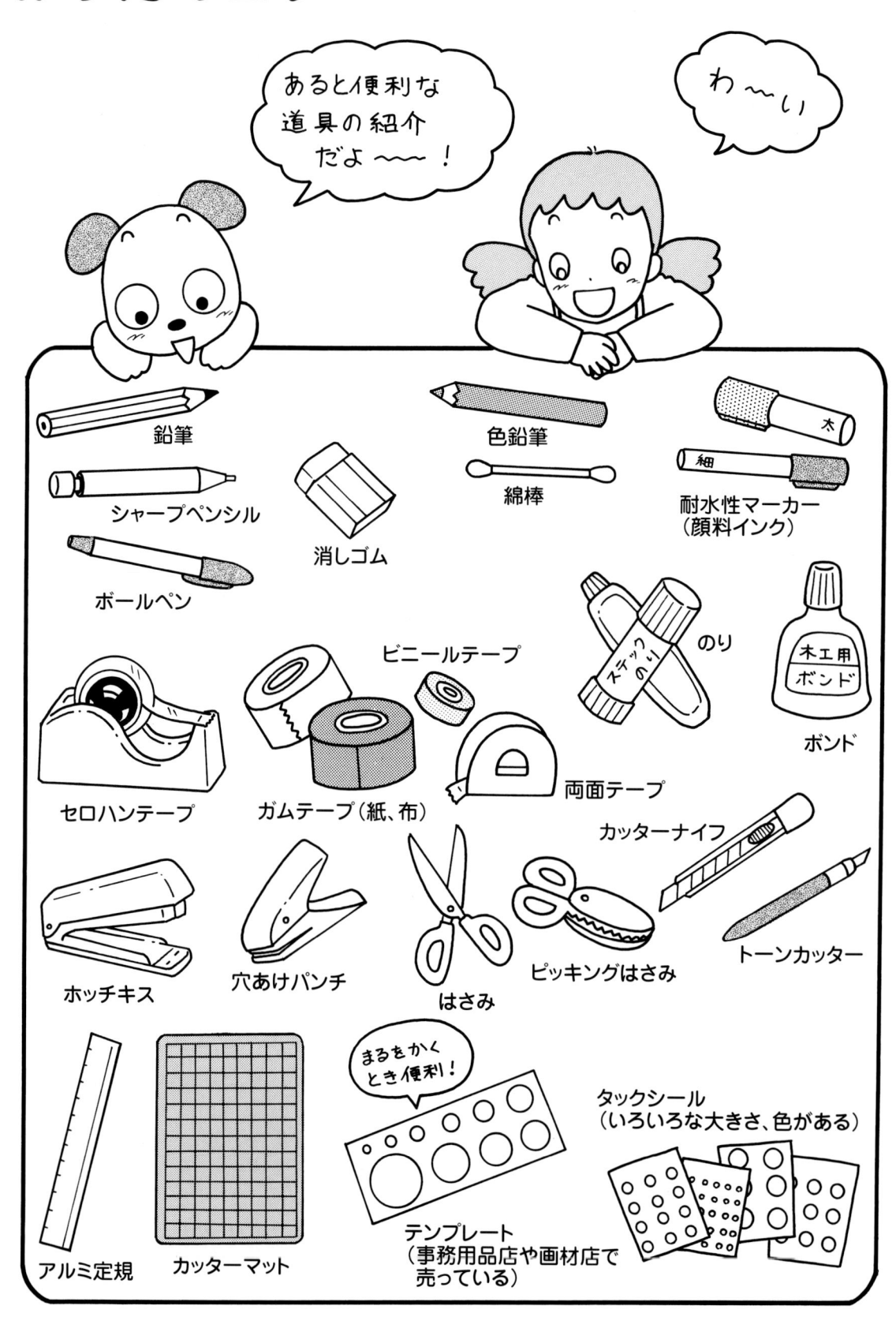

あると便利な道具の紹介だよ～！

わ～い

- 鉛筆
- 色鉛筆
- シャープペンシル
- 綿棒
- 耐水性マーカー（顔料インク）太／細
- 消しゴム
- ボールペン
- ビニールテープ
- のり
- ボンド
- セロハンテープ
- ガムテープ（紙、布）
- 両面テープ
- カッターナイフ
- ホッチキス
- 穴あけパンチ
- はさみ
- ピッキングはさみ
- トーンカッター
- アルミ定規
- カッターマット
- テンプレート（事務用品店や画材店で売っている）　まるをかくとき便利！
- タックシール（いろいろな大きさ、色がある）

型紙をなぞる時は、ボールペンを使うか、芯を出さないシャープペンシルを使おう!

ほっぺを塗るときは、色鉛筆で軽く塗ったあと、綿棒でこすってぼかそう。

ほっぺがやわらかい感じになるよ!

セロハンテープは、接着面が外側になるように輪にして、作品の裏に貼って使おう!

作品の裏!

文字を切るときは、先にトーンカッターを使って穴の部分を切りとったあと、まわりをハサミで切る。

一文字ずつホッチキスでとめて切ろう!!

タックシールは、黒目にもなるし、模様をつけるときにも使えるよ!!

テンプレートがない場合は、工作用紙にコンパスでまるをかいて切りとり、型紙を作っておこう!

いろいろな大きさを用意しておこうね♡

目玉♡

花の中心

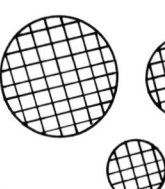

「ところで、早く作るためのコツって知ってる?」

「はい！まとめ切り!!」

①まとめ切り

「同じ物をたくさん作る時は、まとめ切りだよね！」

1枚なぞったあと、色紙を3,4枚重ねてホッチキスでとめ、まとめて切る。

※色紙なら3,4枚程度！
（あまり多いと切り口がボソボソになる。）

②流れ作業

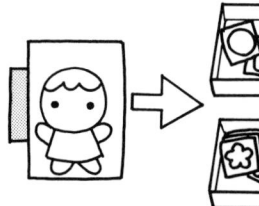

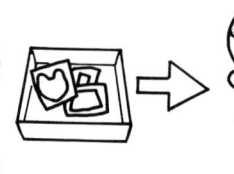

「同じ作業は一度にやろう!!」

型をとる → ※キャラクターごとに空き箱に入れておくと便利！ → 切る → 組み立てる

③よく使う型紙は厚紙で作っておく

「何度も利用しよう！」

大きさを変えて作っておくと、便利！

④その他

左右が同じ耳、手、足も2枚重ねてまとめ切りをする。

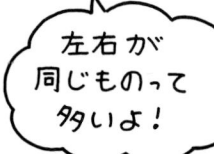

左右対称のものは、半分に折って切る。

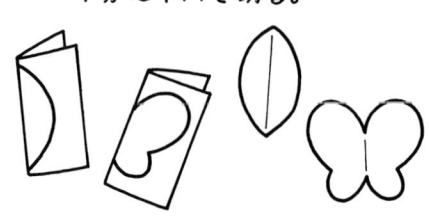

「左右が同じものって多いよ！」

わ〜い!!
早く、きれいに作れるようになった〜!

実は、もっとかっこ良くできるひみつの材料があるんだよ〜!

ワンポイントだワン!!

色紙で作るとき、同じ色を重ねると、輪郭が分からなくなってしまうよね…

お洋服を着ないとなんだか変〜

特に首の下が…

そんな時は
段ボール!

裏

顔の裏に段ボールを切って貼る。(印刷されていない方を色紙側に貼る。)

首の線ができた〜!!

影ができて立体感が出る。

壁にぴったり貼るものと段ボールで浮かせたものを混ぜて、立体感を出そう。

段ボールにも厚さや重さがいろいろあるので、使いやすいものを選んでね!

手の裏は段ボールを2枚重ねる。

お店屋さんでもらってね♡

これでもう、型紙の使い方と作り方のコツは覚えたね！

じゃあ、子どもたちが作った作品を一緒に貼るときの基本パターンを見てみよう。

うん！

キャラクター中心にまわりを飾る	 キャラクターを端に空間を飾る	 風景の一つとして飾る
 規則正しく並べて貼る	 小さな台紙を使って貼る（遠近感を出す）	 カラー台紙を使って貼る

キャラクターの貼り方も気を付けようね！

真っすぐ貼る　　ななめに貼る

ファイト♡

よ〜〜し　がんばるぞ〜

著者
十亀敏枝（そがめ　としえ）
幼稚園の教諭を経て、現在、フリーランスのイラストレーター。
著書に、『すぐできる小学校壁面構成アイデア帳』『たのしいうた紙芝居アイデア』（民衆社）
『10分でできる小学校教室ミニかざり』『10分でできる小学校教室ミニかざり2』（たんぽぽ出版）

民衆社ホームページURL　http://minsyusya.or.tv/

かわいい壁面アイデア

2003年3月20日第1刷発行
2004年8月20日第5刷発行

著　者　十亀敏枝
発行者　沢田健太郎
発行所　民衆社　〒113-0033　東京都文京区本郷4-5-9 ダイアパレス真砂 901
　　　　　　　　TEL 03-3815-8141　FAX 03-3815-8144

印　刷　（株）飛来社　　製　本　（株）光陽メディア

【価格税別】

民衆社の保育書シリーズ

かわいい壁面アイデア

子どもといっしょにつくれるアドバイス付き

十亀敏枝著　B5判・本体1,600円

季節、行事、誕生表、マークなどの全作品をカラーで紹介。全作品型紙付き。
子どもと一緒につくるためのワンポイントも紹介。

たのしさいっぱい！うたあそびよくばり100選 新装版

音楽教材研究会編　B5判・本体1,600円

子どもたちの心と身体の発育に欠かせない楽しいうたあそびを100種厳選！楽譜付き。

アイデアいっぱい12か月！保育のイラスト大集合！！

REALIZE製作　B5判・本体1,600円

"こんなイラスト・カードが欲しい"という先生たちの声にこたえたアイデア集。
季節ごとのイラスト、色とりどりのカード収録。

〒113-0033東京都文京区本郷4-5-9
ダイアパレス真砂 901

民衆社

☎03(3815)8141/FAX03(3815)8144
振替　0014-4-199201